AF494392

NOTICE

SUR

LA VERRERIE DE ROUEN

ET LA

FABRICATION DU CRISTAL EN CETTE VILLE

Au commencement du XVIIe siècle (de 1598 à 1664),

PAR

A. de GIRANCOURT,

Membre du Conseil général et de la Commission des Antiquités du département de la Seine-Inférieure.

RUE DE L'IMPÉRATRICE, 88,

ET DES BASNAGE, 5.

—

1867

NOTICE

SUR

LA VERRERIE DE ROUEN

ET LA

FABRICATION DU CRISTAL EN CETTE VILLE

Au commencement du XVIIe siècle (de 1598 à 1664).

Une manufacture de verre de cristal et de glaces à miroirs, façon de Venise, dont les produits paraissent avoir atteint un degré de perfection assez remarquable, a existé à Rouen au commencement du XVIIe siècle. Persuadé qu'une étude sommaire de cette ancienne industrie locale, généralement peu connue, ne serait pas sans intérêt, nous l'avons entreprise à l'aide de documents extraits des archives du Parlement de Normandie, dont nous devons, en grande partie, la découverte à l'obligeance et aux soins de M. Gosselin, greffier-archiviste de la Cour impériale.

Nous dirons tout d'abord quelques mots des priviléges et immunités accordés, dès les temps les plus reculés, aux verreries, en vue de multiplier ces utiles établissements et d'encourager la fabrication du verre.

Le plus beau, le plus important de ces priviléges, était celui en vertu duquel les verriers, aussi bien les ouvriers travaillant le verre que les maîtres des verreries, étaient assimilés aux nobles d'origine et jouissaient, comme ces derniers, de toutes les prérogatives attachées à la noblesse, notamment de l'exemption des tailles; et à plus forte raison, les nobles qui voulaient s'adonner au travail de la verrerie pouvaient le faire sans déroger ni perdre leurs droits à la noblesse. De là sont venues les dénominations de *gentilshommes verriers*, de *noble art* ou *noble artifice* de verrerie, pour désigner les verriers et le travail du verre.

L'anoblissement par le seul fait de leur profession est écrit dans une charte du 21 juin 1448, donnée aux verriers de la forêt de Darney par Jean de Calabre, lieutenant des duchés de Bar et de Lorraine, en l'absence de René d'Anjou, son père : « La supplication « de nos amez Pierre Brysonale, Henri filz, Nycholas Mengin, Jacob « Guillaume du Tyson et Jehan son filz, tous verriers et ouvriers ez « verrières de Jehan Brisonale et de Jehan Henezel, contenant que « comme les dits maistres et ouvriers de verres soyent, *à cause de « leurs mestiers*, et doibvent estre privilégiez et ayent plusieurs « beaux droitz et prérogatives, dont eulx et leurs prédécesseurs « ayent joui et usé de tous temps passez, et esté tenuz et réputez en « telles franchises, comme chevaliers estimez et gens nobles du dit « duchié de Lorraine, sans que en ce leur ait esté mis aulcun em- « peschement...... sçavoir faisons que cognaissant l'estat des ver- « rières et les droitz et libertez que les ouvriers en icelles ont accous- « tumé avoir, lesquels ont accoustumé de tous temps passez estre « tenuz et maintenuz en toutes libertez et franchises *comme pour- « raient estre et sont gens extraits de noble lignée;* ensuite de grande « délibération avec plusieurs gens du conseil de Monseigneur, vou- « lant les ditz ouvriers de verres demeurant et ouvrant ez dites ver- « rières, maintenir en leurs anciens droitz..... voulons et octroyons « les ditz ouvriers de verres, ensemble leurs hoirs et successeurs, « estre tenuz francs, quittes et exempts de toutes tailles, aydes et « subsides..... pourront faire mesner et vendre leurs verres, sans « que eulx ou ceulx qui mesneront ou qui porteront les ditz verres « soient tenuz, à cause des ditz verres, payer aulcun passaige, ga- « baile ni tributz quelconques (1). »

(1) Beaupré. *Les Gentilshommes verriers*, 1847. Nancy.

Il est à remarquer que ce n'était pas une faveur nouvelle que le duc de Lorraine octroyait aux verriers en les assimilant aux gens extraits de noble lignée ; la charte de 1448 n'a fait que reconnaître et consacrer un droit acquis, un usage préexistant de tous temps passés et remontant très probablement à l'origine même des verreries.

Une autre charte donnée à Blois, le 5 septembre 1523, par François Ier, en faveur des gentilshommes de l'art et science de verrerie, dans laquelle sont énoncées de semblables lettres à eux accordées par les rois Charles VII, Louis XI, Charles VIII et Louis XII, les affranchit également, ainsi que leurs ouvriers, de toutes tailles, aides et sous-aides.

Mais plus tard, vers la fin du xvie siècle, les Parlements se montrèrent plus sévères sur le fait de la noblesse et mirent des restrictions et des réserves à l'enregistrement des lettres de confirmation des privilèges des verreries.. Ainsi, divers arrêts de la Cour des aydes de Paris, des années 1597, 1601 et 1603, n'accordèrent l'exemption de tailles qu'aux verriers d'extraction noble. L'arrêt du mois d'avril 1601, rendu en faveur des verriers du Nivernais, porte : « Sans qu'à l'occasion de l'exercice et trafic de verrerie, ces verriers puissent prétendre avoir acquis le degré de noblesse ni le « droit d'exemption ; comme aussi sans que les habitants des lieux « puissent prétendre que les verriers fassent acte dérogeant à la noblesse, suivant les anciennes lettres et concession des rois de « France. »

Ces arrêts n'ont cependant pas empêché, dit Delaroque en son *Traité de la Noblesse*, qu'en quelques provinces plusieurs verriers n'aient été déclarés nobles, bien qu'ils n'eussent aucun autre principe de noblesse ; et quoiqu'il ajoute que leur qualité est mal fondée et fragile comme le verre (1), il n'en est pas moins vrai que la reconnaissance non contestée de leur droit, rapprochée du texte de la charte de 1448, démontre suffisamment qu'antérieurement aux arrêts que nous venons de citer, les verriers étaient réputés nobles et pouvaient même transmettre la noblesse à leur descendance.

(1) Delaroque. *Traité de la Noblesse*, chap. 141.

Au reste, à la fin du xvie siècle, presque toutes les verreries étaient exploitées par des gentilshommes. De pauvres familles nobles avaient trouvé dans cette industrie privilégiée un moyen honorable de vivre en travaillant, sans perdre les droits attachés à leur qualité.

Les verres fabriqués et les matières premières servant à leur composition, jouissaient aussi d'immunités considérables. La charte de François Ier, de 1523, à l'imitation de celle de 1448, affranchit de tous droits de barrages, travers, halages, pontouages et de toutes autres redevances anciennes et nouvelles, les verriers, leurs valets et serviteurs, ainsi que « les marchands conduisant les verres et ma-
« tières appelées soulde ou salvert, cendrées, fougères, sablon,
« pierres, cailloux et autres choses servant à la composition et art
« de verrerye, soit sur charrettes, charriots, chevaux, bateaux ou
« en quelque sorte que ce soit..... Le Roy mettant les dits verres et
« matières sous sa protection et sauvegarde. »

De nos jours, où les transports et les échanges s'opèrent avec une si grande facilité, on ne se rend guère compte de ce que devait souffrir le commerce il y a trois siècles, alors que sous toutes les formes, et pour ainsi dire à chaque pas, les marchandises étaient rançonnées et grevées de redevances et de péages de toute nature. L'exemption de toutes ces taxes, étendue même aux marchands qui se rendaient dans les verreries pour enlever les produits fabriqués ou apporter les matières premières, constituait en faveur de ces établissements une position tout-à-fait exceptionnelle et privilégiée.

Malgré ces encouragements, l'art du verrier avait fait peu de progrès et était loin de répondre aux besoins du pays. La France était obligée de demander à Venise les glaces, les verres blancs et une foule d'ouvrages recherchés que les verreries françaises ne pouvaient produire. Mais, après l'apaisement des guerres civiles, pendant toute la durée du règne de Henri IV, une heureuse et féconde impulsion a été donnée à la fabrication du verre. Des ouvriers expérimentés ont été appelés des pays étrangers, et, avec leur concours, de nouvelles verreries ont été créées sur plusieurs points du royaume, notamment à Paris (1), à Nevers et à Rouen.

Dès l'année 1598, le roi, voulant donner « à ses sujets du pays « de Normandie l'usage commun des ouvrages de verrerie comme « chose qui leur est nécessaire, » permit, par lettres du 24 janvier, à Vincent Busson et Thomas Bartholus, gentilshommes verriers, natifs du duché de Manthoue, de construire dans la ville de Rouen ou ses faubourgs une verrerie pour y fabriquer « verre de « cristal, verres dorés, émaux et autres ouvrages qui se font à Ve- « nise et autres lieux et pays étrangers, et autres qu'ils pourront de « nouveau inventer, » avec défenses à tous autres verriers d'établir dorénavant aucune autre verrerie à vingt lieues à l'entour, excepté pour les verres communs dits verres de fougères (2).

Ce premier essai ne paraît pas avoir réussi. Les sieurs Busson et Bartholus, soit par la difficulté de se procurer des ouvriers capables, ou par tout autre motif, n'ont pas profité de leur privilége, ou s'ils en ont usé, leurs fourneaux n'auraient eu qu'une très courte durée; car, peu d'années après, François de Garsonnet, d'Aix en Provence, obtint également, par lettres du roi du 8 mars 1605, la permission d'établir une verrerie en la ville de Rouen, « où il n'y a aucune ver- « rerie de cristal, » avec faculté d'y faire travailler des ouvriers étrangers qui devaient jouir, comme lui-même, des priviléges, franchises et exemptions accordés aux autres verriers du royaume; [illegible] qu'il ne pût être frustré de ses peines et des dépenses que devait lui occasionner un pareil établissement, il fut fait défenses expresses à quelques personnes que ce pût être d'élever aucune autre verrerie de cristal dans tout le ressort du Parlement de Normandie, pendant le délai de dix ans, sous peine de rupture des fourneaux des contrevenants, de mille écus d'amende envers le roi et de pareille

(1) Le privilége de la verrerie de Paris fut concédé à Jean Mareschal au mois de février 1606, et confirmé au mois de mai 1612. — Archives du Parlement de Normandie. Rapports civils. Arrêt du 24 novembre 1635.

(2) Archives du Parlement. Rapport civils, 26 février 1598.

somme au profit de de Garsonnet (1). Ce privilége, qui mettait pendant dix ans le concessionnaire à l'abri de toute concurrence, et qu'on ne saurait mieux comparer qu'à nos brevets d'invention, fut sanctionné par arrêt du Parlement du 27 avril 1605.

Cette fois, la verrerie fut bien réellement établie. Le 20 août 1605, de Garsonnet prit à bail, devant les tabellions de Rouen, jusqu'au jour de Saint-Michel 1623, et moyennant le prix de 180 livres par an, une maison sise au faubourg Saint-Sever, en *la rue tendant à Bonne-Nouvelle* (2), ayant pour enseigne l'image saint Eustache, et appartenant à Jean Bocadœuvre, avec une vaste cour et un bâtiment spacieux, dans lequel il put construire le four de fusion et ses dépendances (3). La fabrication a dû commencer dans les premiers mois de 1606. Les débuts ne furent pas heureux. Au mois de décembre de cette même année, un incendie détruisit le bâtiment dont nous venons de parler, les fourneaux, le matériel et les bois de chauffage dont l'établissement était approvisionné. Un chômage de près de deux ans fut la conséquence de ce sinistre. Les ouvriers capables de travailler le verre à la façon de Venise étaient très rares en France à cette époque : presque tous étaient des Italiens qui s'engageaient par serment à ne former d'apprentis que dans leur propre famille et à ne pas initier à leur art les verriers français. De Garsonnet ne put s'en procurer qu'avec beaucoup de peine et au prix des plus grands sacrifices. Il eut, en outre, à traverser plusieurs années de « disette « des vins et autres boissons ayant cours dans le pays (4) » ; de sorte qu'il approchait du terme de son privilége sans avoir pu en tirer aucun profit.

En raison de toutes ces circonstances défavorables, une prolongation pour dix autres années lui fut accordée par lettres du roi

(1) Rapports civils. Arrêt du 27 avril 1605.

(2) Aujourd'hui la *rue du Pré*, commençant au carrefour de l'église Saint-Sever et finissant à Bonne-Nouvelle.

(3) Rapports civils. Arrêt du 6 avril 1607. Registres du tabellionnage de Rouen, 17 mai 1608.

(4) Rapports civils. Arrêt du 26 juin 1613.

Louis XIII, en date du 4 mai 1613. Du reste, il méritait cette faveur, attendu, disent ces lettres, « qu'on ne sçaurait faire élection « d'homme plus intelligent et capable, par le témoignage qu'il en a « déjà rendu en l'art de la dite manufacture de verre de cristal or- « dinaire et raffiné, que aussy aux ouvrages de canons et émaulx « de verre de belles et riches couleurs non encore usitées (1). » En enregistrant ce nouveau privilége, le Parlement, craignant sans doute qu'une trop grande consommation n'élevât le prix du bois et voulant, avant tout, assurer le chauffage à bon marché de la ville de Rouen, imposa la condition de n'user annuellement en la verrerie que jusqu'à concurrence de deux acres de bois, quantité insuffisante qui ne pouvait permettre de donner à la fabrication le développement qu'elle comportait (2).

Un maître du métier des patenostriers-verriers de la ville de Rouen, nommé Mathieu Delamare, avait construit, au faubourg Cauchoise, un petit four de verrerie pour fondre et façonner le verre à l'usage des patenostriers. De Garsonnet demanda, le 24 juillet 1613, devant la cour du Parlement, la démolition de ce fourneau, attendu qu'aux termes de son privilége, il avait seul le droit de fabriquer des canons de verre et des émaux (3). Mathieu Delamare invoquait pour sa défense les statuts du métier des patenostriers-verriers de l'an 1593, confirmés par lettres-patentes du roi vérifiées au bailliage de Rouen en 1595, portant que « les maistres du dit « mestier pourront faire pastenostres et boutons d'émail et de verre, « chaînes, colliers et bracelets passantz par le feu et fourneau. » La question était des plus graves pour les patenostriers : la corporation prit fait et cause pour Mathieu Delamare ; ceux de Paris crurent aussi devoir intervenir, en affirmant devant les notaires du Châtelet que, de tout temps, ils avaient fait et vu faire à leurs prédécesseurs les

(1) Rapports civils. Arrêt du 26 juin 1613.

(2) Rapports civils. Arrêt du 26 juin 1613.

(3) Les émailleurs appellent canon les plus gros morceaux ou filets d'émail qu'ils tirent pour les mettre en état d'être employés en leurs ouvrages. Savary des Bruslons. *Dictionnaire universel du Commerce.*

émaux et canons de verre de plusieurs couleurs mis en branches et en pains pour leur usage. La Cour, par un arrêt qui conciliait, autant que possible, les prétentions rivales des deux industries, décida que Mathieu Delamare conserverait son fourneau, mais à la condition de n'y fabriquer que des émaux pour servir aux ouvrages de son métier, sans pouvoir en vendre à d'autres personnes qu'aux patenostriers de Rouen, ni en transporter hors l'enceinte de la ville (1)

Après avoir exploité son privilége pendant environ quatorze ans, de Garsonnet céda ses droits, le 17 janvier 1619, « sous le bon plaisir du roi, » *à Jean et Pierre d'Azémar*, gentilshommes verriers, moyennant une indemnité de 7,500 livres tournois et une somme de 22,307 livres 17 s. 8 d., représentant le prix « des verres à boire et « autres, émaux, soulde, salin, fourneaux, ustensils et autres choses « servant à la verrerie, » dont il fit en même temps l'abandon (2).

Jean et Pierre d'Azémar, fils de Thibault d'Azémar, écuyer, sieur de Colombier, et de damoiselle Jeanne Raynne, de Saint-Maurice, au diocèse d'Usez, descendaient d'une noble et ancienne famille du Languedoc. Leurs ancêtres exerçaient l'art de la verrerie depuis deux cent cinquante ans et avaient « *les premiers en France trouvé l'inven-* « *tion de travailler en cristal* (3). » Ils n'étaient probablement pas riches; car, avant de traiter avec de Garsonnet, ils avaient dû s'assurer du concours d'un bourgeois de Rouen, *Antoine Girard*, de la paroisse Saint-Sever, qui fit l'avance de tous les fonds, et fut associé pour moitié dans l'exploitation de la verrerie. Par l'acte de société, les frères d'Azémar furent chargés des soins de la fabrication et du travail du verre et Girard de la vente des produits. Ce dernier prit, en outre, l'engagement de faire, à ses frais, les travaux nécessaires pour approprier sa maison à l'usage de verrerie (4). Je crois cepen-

(1) Rap. civils. Arrêt de la Cour du 21 mars 1614.

(2) Registres du tabellionnage des meubles de Rouen, 17 janvier 1619.

(3) Mémoriaux de la Cour des Comptes de Norm. Arrêt du 5 mai 1623. Rapports civils : arrêts des 24 novembre 1635 et 19 juillet 1642.

D'Azémar porte d'or à trois fasces de gueule.

(4) Reg. du tabellionnage des meubles, 19 janvier 1619.

dant que les fourneaux n'y furent transférés qu'en 1631; ils restèrent jusque là chez Bocadœuvre, où de Garsonnet les avait établis.

La propriété d'Antoine Girard, comprenant un assez vaste enclos, était située *rue du Pré* et contiguë à celle de Jean Bocadœuvre. Des acquisitions ultérieures l'étendirent jusqu'à la *rue aux Anglais* (1). C'est bien, du reste, à l'angle des rues du Pré et de la Pie-aux-Anglais que Gomboust place la verrerie, au plan de Rouen de 1655. La rue du Pré a même, par la suite, pris le nom de *rue de la Verrerie* (2).

Au mois d'avril suivant, Pierre d'Azémar épousa Anne Girard, fille de Antoine Girard, son associé, et de Anne Hatif (3).

La cession faite par de Garsonnet fut sanctionnée par lettres du roi du 23 avril 1619 et homologuée par le Parlement, sous la double condition, acceptée par les frères d'Azémar, de diminuer le prix des verres, et surtout de n'user à l'avenir que du *charbon de terre* pour le chauffage de leurs fourneaux. Déjà de Garsonnet, restreint et limité, comme nous l'avons dit, par arrêt de la Cour, dans ses approvisionnements de bois, avait essayé, dès l'année 1616, d'y suppléer par du charbon de terre qu'il avait fait venir de l'Angleterre (4).

L'emploi du charbon de terre appliqué à la fabrication du cristal, en 1616 et 1619, est un fait industriel qui mérite de fixer tout particulièrement notre attention et dénote chez les verriers rouennais une étude et une connaissance approfondies de la vitrification.

La verrerie de Rouen est très certainement une des premières qui ait tenté cette difficile épreuve et surtout qui l'ait fait avec succès.

(1) Registres du tabellionnage de Rouen, 17 mai 1608, 19 et 27 novembre 1612; mêmes registres, contrôle, vol. 454, f° 81.

(2) Voir aux registres des comptes des trésoriers de la paroisses Saint-Sever de 1729 et années suivantes. (Communiqué par M. Pottier.)

(3) Par le contrat de mariage, Antoine Girard promet aux futurs époux deux coupes d'argent du prix de 75 livres à la naissance de leur premier enfant. (Registres du tabellionnage de Rouen, 14 août 1619.)

(4) Audiences civiles. Arrêt du 4 août 1616, au profit de de Garsonnet, contre les mesureurs de charbon de terre de Rouen. Rapports civils. Arrêt du 15 juillet 1619.

En Angleterre, où l'industrie a généralement fait usage de la houille longtemps avant nous, ce n'est qu'en 1635, dix-neuf ans après Rouen, que le charbon a été substitué pour la première fois au bois, par sir Robert Mansell, dans sa verrerie de cristal de Savoy-House, à Londres (1).

A cette époque, le cristal à base de plomb, tel qu'il se fabrique aujourd'hui, n'était pas encore connu, ou plutôt la tradition en était perdue ; car les tombeaux gallo-romains des premiers siècles de notre ère ont livré de nombreux spécimens de verrerie antique dans lesquels l'analyse a constaté la présence du plomb (2). Ce que l'on appelait alors cristal à Venise et en Bohême, aussi bien qu'en France et en Angleterre, était un verre mieux affiné et plus blanc que le verre de fougères, mais composé simplement de silice et d'alcali, sans addition de plomb, à peu près comme, de nos jours, le verre fin qui se fabrique dans les verreries de gobletterie. Or, nos verriers savent combien il est difficile de travailler cette sorte de verre au feu du charbon de terre sans en altérer la blancheur ; car, malgré l'expérience heureuse accomplie à Rouen, il y a deux cent cinquante ans, il n'y a guère que quelques années que leurs efforts, stimulés par l'augmentation croissante du prix des bois, sont arrivés à un résultat satisfaisant.

C'est en Angleterre que la fabrication du cristal à base de plomb a pris naissance, vers la fin du XVIIe siècle. En cherchant à isoler le verre en fusion dans des creusets couverts, afin de le préserver du contact de la fumée de la houille, les verriers anglais ont été amenés à substituer à l'alcali un fondant métallique, l'oxyde de plomb, qui n'était jusqu'alors employé que pour l'imitation de certaines pierres précieuses (3). Toutefois, les premiers cristaux qui sortirent des verreries anglaises étaient loin d'avoir l'éclat et la blancheur que nous

(1) G. Bontemps. Examen historique des verres à l'Exposition universelle de 1851.

(2) L'abbé Cochet. *La Normandie souterraine*, 2e édition, p. 64.

(3) Neri. De arte vitrariâ, cap. LXI

admirons aujourd'hui. Indépendamment de leur très grande fragilité, on leur reprochait une teinte noirâtre ou grise qui pendant longtemps leur a fait préférer, même en Angleterre, les verres du continent. Leur perfectionnement a été très lent. C'est sans doute ce qui explique comment la France a continué, pendant près d'un siècle, de fabriquer l'ancien cristal alcalin, sans adopter l'innovation anglaise. Ce ne fut, en effet, qu'en 1784 qu'un verrier français, M. Lambert, fit à Saint-Cloud le premier essai du cristal à base de plomb. Sa manufacture fut plus tard transportée à Montcenis, sous le nom de *verrerie de la Seine*.

L'année suivante, une autre verrerie fut élevée au *Petit-Quevilly* par Mayer Oppeinhem, qu'un arrêt du conseil du 4 mai 1784 avait autorisé à établir près de la ville de Rouen, une manufacture de *cristal blanc façon et qualité d'Angleterre*. Une gratification de 1,200 liv. lui était accordée, à la charge de remettre son procédé à l'administration du commerce. Mayer Oppeinhem, né à Presbourg, en Hongrie, avait fabriqué pendant vingt-huit ans des cristaux à Birmingham; néanmoins, il ne fit à Quevilly que de très mauvais produits et n'y travailla que pendant fort peu de temps (1).

Quevilly nous ramène tout naturellement à notre verrerie de Saint-Sever. Antoine Girard étant mort le 18 novembre 1624, à l'âge de soixante-treize ans (2), Jean et Pierre d'Azémar exploitèrent dès lors cet établissement seuls et sans autres associés. Le privilége qu'ils avaient acquis de de Garsonnet expirait en 1626. Des lettres du roi, des 6 février 1623 et 15 mai 1627, le prolongèrent pour douze ans, avec défenses et interdiction à toutes autres personnes non plus seulement d'établir pareille verrerie, mais même d'apporter en la « ville « et ressort du Parlement de Rouen aucuns verres, canons, émaulx « ou glaces (3). Ce monopole exorbitant, qui livrait le marché de toute une province à un seul industriel, ne reçut pas la sanction du

(1) Archives départementales. Fonds de l'intendance.

(2) Registres de l'État civil des protestants, au greffe du tribunal civil de Rouen.

(3) Mémoriaux de la Cour des Comptes. Arrêt du 5 mai 1623.

Parlement. Dans ses arrêts d'enregistrement, la Cour a constamment réservé et maintenu le droit pour tous d'apporter et de distribuer librement, dans toute l'étendue de son ressort, le verre de cristal et toute espèce d'autres ouvrages de verrerie (1).

Au moment de la vérification des lettres-patentes du 15 mai 1627, une opposition fut formée devant le Parlement par « *Antoine Girard*, « *sieur de Saint-Amant*, en conséquence du don qu'il disait lui avoir « été fait par Sa Majesté du privilége de la dite verrerie et du brevet « qui lui en avait été expédié le 10 juin 1627, contenant la révoca- « tion des lettres obtenues par les dits d'Azémar (2). » Saint-Amant, l'auteur de *Moïse sauvé*, si sévèrement traité par Boileau, est désigné au privilége de ses œuvres et généralement connu sous le nom de *Marc-Antoine de Gérard, sieur de Saint-Amant;* et cependant ce nom ne lui appartenait pas. Jusqu'à ce jour, on ne connaissait presque rien de sa naissance et de sa famille; mais, grâce au bienveillant concours de M. Gosselin, les archives du tabellionnage de la ville de Rouen et les registres de l'Etat civil nous ont révélé, sur lui-même et ses parents, des documents ignorés de tous ceux qui ont écrit sa biographie.

Son véritable nom est *Antoine Girard*, auquel il a plus tard ajouté le titre de sieur de Saint-Amant. Il est né à Rouen, dans la religion réformée, le 30 septembre 1594, fils aîné de Antoine Girard et de Anne Hatif (3). Il a occupé la charge de commissaire ordinaire de l'artillerie de France.

Il avait deux frères et deux sœurs : *Guillaume*, né le 7 novembre 1595, mort de 1620 à 1624; *Anne*, qui épousa Pierre d'Azémar;

(1) Mémoriaux de la Cour des Comptes. Arrêt du 5 mai 1623. Registre de la Cour des Aydes. Arrêt du 3 janvier 1629. Rapports civils. Arrêts des 21 novembre 1635 et 19 juillet 1642.

(2) Rapports civils. Arrêt du 23 septembre 1627.

(3) Voici la copie de son acte de naissance : « Du dernier de septembre 1594, a été baptisé le fils d'Anthoine Girard et de Anne Hatif, présenté par Guillaume Lecœur et nommé Anthoine. » Greffe du tribunal de Rouen. Paroisse de Quevilly. Registres de l'Etat civil des protestants.

Suzanne, dont nous ne trouvons pas d'autre trace que son acte de naissance, et *Salomon*, né le 16 mars 1599. Son père, Antoine Girard, marchand et bourgeois de Rouen, qui avait habité la paroisse Saint-Vincent avant de se fixer à Saint-Sever, était huguenot. Dans les actes de naissance de ses enfants, il est qualifié « *diacre* en ceste église, » et dans son acte de décès, « *ancien en l'église* » (1). C'est lui-même que nous avons vu, pendant les dernières années de sa vie, associé pour moitié dans la verrerie de Saint-Sever : mais comme il n'a jamais travaillé le verre, il ne pouvait avoir aucun

(1) Nous allons mettre sous les yeux du lecteur divers extraits de pièces qui démontrent que *Marc-Antoine de Gérard* et *Antoine Girard* ne sont qu'une seule et même personne, et que le véritable nom est *Girard*.

« Du mardi 25 avril 1634, en la *maison de la Verrerie*....... fut présente « damoiselle *Anne Hatif*, veuve de feu *Antoine de Gérard*, vivant écuyer, de- « meurant en la paroisse Saint-Sever-lès-Rouen, laquelle tant en son « propre et privé nom que comme procuratrice duement fondée de *Marc-An-* « *toine de Gérard*, écuyer, sieur de Saint-Amant, demeurant en la duché de « Retz, en Bretagne, et de *Salomon de Gérard*, écuyer, cornette-colonel « d'un régiment de cavalerie en Allemagne, ses fils, ainsi qu'il apparaît de « la procuration passée devant Michel de Beauvais et Pierre de Beaufort, « notaires au Chastelet de Paris, le 21 mars du dit an present » vend, moyennant 8,400 livres, à Pierre d'Azémar, écuyer, le terrain sur lequel est édifiée la verrerie « en ce compris un jardin pris en fief du sieur « d'Emandreville par contrat passé devant les tabellions d'Orbec, le 4 août « 1630 »..................... Et « d'Azémar a tenu quittes et déchargé « les dits vendeurs, mère et fils, de la somme de 6,000 liv. par eux donnés au « dit sieur d'Azémar de reste des promesses de son mariage avec *damoiselle* « *Anne de Gérard, fille de ladite Hatif et sœur des dits sieurs de Gérard*, suivant « la transaction passée entre eux le 8 janvier 1625. » — (Tabellionnage de Rouen, 25 avril 1634.)

Certes, il serait difficile de reconnaître, sous tous ces titres d'écuyer, le bourgeois Girard et sa famille, si nous n'avions à mettre en regard, outre les actes de l'État civil, plusieurs contrats antérieurs, dans lesquels ces mêmes personnes figurent sous leur véritable nom.

Ainsi, en nous reportant au contrat de vente et à la transaction cités dans l'acte de 1634, dont nous venons de donner un extrait, nous trouvons :

1° Au 4 août 1630, la vente faite par d'Emandreville d'un jardin, moyen-

droit à la noblesse verrière ni au titre de gentilhomme verrier. Au reste, les prétentions à la noblesse du sieur de Saint-Amant n'ont guères été prises au sérieux par ses contemporains ; elles lui ont valu plus d'un quolibet, entre autres l'épigramme de Maynard :

Votre noblesse est mince,
Car ce n'est pas d'un prince,
Daphnis, que vous sortez ;
Gentilhomme de verre,
Si vous tombez à terre,
Adieu vos qualités (1) !

nant une rente foncière en argent et une autre rente annuelle de *six beaux verres de cristal*, à « *honnête femme Anne Hatif, veuve de feu honorable homme* « *Antoine Girard, vivant bourgeois de Rouen, demeurant en la paroisse Saint-* « *Sever, absente, stipulée par Salomon Girard, son fils* et procureur spécial. » (Tabellionnage. Contrôle, vol. 454, f° 81.)

2° Au 8 janvier 1625, la transaction faite après le décès d'Antoine Girard : « En la maison de *Anne Hatif, veuve de Antoine Girard*, furent pré- « sents la dite veuve et le sieur *Antoine Girard, son fils aîné*, procureur de « *Salomon Girard, son frère;* Pierre d'Azémar et damoiselle *Anne Girard*, « son épouse..... pour éviter procès entre Pierre d'Azémar et Anne Gi- « rard, son épouse, d'une part, et honnête femme Anne Hatif, veuve d'An- « toine Girard, *Antoine Girard, commissaire ordinaire de l'artillerie de France*, « et Salomon Girard, frères, enfants du dit Antoine Girard, deffunt, et « de la dite Anne Hatif. » (Tabellionn., 8 janvier 1625.)

Nous avons encore, au 14 août 1619, le traité de mariage entre Pierre d'Azémar et « honnête fille *Anne Girard*, fille d'honorable homme Antoine « Girard, *marchand bourgeois de Rouen*, et de honnête femme Anne Hatif, « de la paroisse de Saint-Sever. » Dans cet acte figure *Guillaume Girard*, « frère de la future. » (Tabellionn., 14 août 1619.)

Les signatures des parties apposées au bas de ce contrat et de la transaction de 1625 ne laissent d'ailleurs aucun doute sur les noms.

Et enfin l'acte de décès de Girard père : « Du 18 de novembre 1624, a « esté mis en terre Anthoine Girard, ayant esté ancien en l'église, âgé de « soixante-treize ans, ayant esté enterré au cimetière hors le pont de Saint- « Sever. » (Registres de l'Etat civil des protestants.)

(1) Moreri. *Dictionnaire historique*, à l'article Saint-Amant.

C'était donc au détriment de son beau-frère et de sa sœur que Girard de Saint-Amant cherchait à s'approprier le privilége de la verrerie, en abusant de la protection du chancelier Seguier, qui lui avait fait obtenir son brevet, ainsi qu'il nous l'apprend lui-même dans ses vers :

Masse à l'honneur du grand Seguier !
Je le révère, je l'admire :
Il m'a fait avec de la cire
Une fortune de cristal.

. . . .

C'est par lui que, dans ma province,
On voit refleurir, depuis peu,
Cet illustre et bel art de prince,
Dont la matière frêle et mince
Est le plus noble effort du feu ;
C'est par lui que de sable et d'herbe,
Dans les champs brûlée en gerbe,
Des miracles se font chez moy,
Et que maint ouvrage superbe
Y prétend aux lèvres d'un Roy (1).

Le poète avait compté sans la justice du Parlement. Par arrêts des 6 et 23 septembre 1627, la Cour rejeta son opposition, en le condamnant aux dépens, et maintint les frères d'Azémar dans leur privilége.

Le 16 janvier 1632, quatre ouvriers « travaillant à la verrerie de « Saint-Sever, » Jouenne, Queslard, Valencey et *Henry Virgille*, comparurent au bailliage criminel de Rouen sous l'inculpation de tapage nocturne (2). Henry de Virgille, écuyer, issu d'une ancienne

(1) Œuvres complètes de Saint-Amant. Paris, 1855. Pièce intitulée : *Le Cidre*, 1er vol., page 38. Voir aussi le placet au chancelier pour un privilége de verrerie, 2e vol., p. 81.

(2) Registres du bailliage criminel de Rouen, année 1632.

famille du Languedoc (1), avait sans doute accompagné Jean et Pierre d'Azémar lorsqu'ils étaient venus apporter à Rouen leur brillante industrie. Initié par eux à tous les secrets de l'art du verrier, il fonda lui-même, en 1631, une verrerie au village du Caule, au comté d'Eu, avec le concours de Pierre d'Azémar, qui alla momentanément s'établir avec lui au Caule, pour l'aider de ses conseil et de son expérience (2). Cette verrerie, transférée quelques années plus tard à Saint-Sylvestre, puis aux Essartis, et enfin à Grande-Vallée, a été exploitée pendant près de deux siècles, jusqu'en 1822, par la famille de Virgille. Elle appartient aujourd'hui à M. Victor Héméry. Nous devons nous féliciter de l'espiéglerie du jeune Henry de Virgille, qui, en laissant son nom sur un registre du bailliage criminel, nous a fait connaître le trait-d'union qui rattache à l'établissement de Saint-Sever la plus ancienne verrerie de gobletterie de la forêt d'Eu.

Les deux frères d'Azémar n'avaient épargné aucuns sacrifices pour donner à leur fabrication la plus grande perfection. « Ils y ont « si bien réussi, disent les lettres-patentes, que les ouvrages de Ve- « nise n'ont plus aucun avantage sur les leurs (3). » Certes, nous devons faire la part de l'exagération ; mais si leurs produits étaient encore loin d'égaler ceux de Venise, ils avaient au moins une beauté et une supériorité relatives incontestables, car, disent les mêmes lettres, « *il sort de leur verrerie de plus excelents ouvrages que d'aucune de ce royaume.* » Ils devaient être très recherchés, puisque nous avons vu le sieur d'Emandreville se réserver sur le prix de vente d'un terrain nécessaire à l'agrandissement de la verrerie, une rente annuelle de *six beaux verres de cristal.*

(1) Henry de Virgille, troisième fils de noble Honorat de Virgille, écuyer, et de damoiselle Bonne Despierres, épousa, suivant contrat du 31 mars 1640, damoiselle Françoise de Monsares. Dans ce contrat il est qualifié écuyer, *maître de verrerie.* Porte d'or à 3 pals de gueules, au chef d'azur, chargé de 3 fleurs de lys d'or. (Généalogie de la famille de Virgille.)

(2) Manuscrit sur le comté d'Eu, attribué à M. Estancelin. Rap. civ. Arrêt du 17 juin 1638.

(3) Rap. civ. Arrêt du 24 novembre 1635.

Rouen tenait donc le premier rang parmi les verreries françaises. Malheureusement ces fragiles ouvrages ne sont guère arrivés jusqu'à nous, et ceux que le temps a épargnés, dépourvus de marque de fabrique, sont aujourd'hui confondus au nombre des verres anciens de toute origine, et ne peuvent révéler à notre examen les qualités ou les défauts de leur fabrication. Nous croyons cependant pouvoir classer parmi les produits de Rouen deux coupes à jambe soufflée, parfaitement appareillées, dont la forme assez lourde nous paraît remonter à la première moitié du XVIIe siècle (1). Quoique très épais, le verre est d'une blancheur remarquable; mais de nombreuses gerçures et de continuelles efflorescences alcalines accusent un très grand excès d'alcali dans sa composition. Ce défaut, qui donne au verre une excessive fragilité et l'expose à une lente mais inévitable décomposition, très rare dans les verres de Bohême, se rencontre quelquefois dans ceux de Venise, et a dû être fréquent à Rouen, à cause de l'emploi du charbon de terre.

En même temps que du verre de cristal et des émaux, la verrerie de Rouen a fabriqué *des glaces à miroirs soufflées*, telles qu'elles se faisaient alors à Venise (2). Nous en trouvons la preuve dans un ar-

(1) Ces deux curieuses coupes, trouvées par un terrassier, à Rouen, en 1857, rue du Rempart-Martainville, ont été recueillies et m'ont été données par M. Michel Thaurin.

(2) Le procédé de couler les glaces n'a été trouvé que plus tard, par un *verrier normand, Louis Lucas, écuyer, sieur de Néhou*, maître de la verrerie de Tourlaville, près Cherbourg. Quoique généralement attribuée à Abraham Thévard, cette admirable découverte est bien réellement due à Louis de Néhou, ainsi que l'attestent les lettres-patentes du roi, du 8 juillet 1710, enregistrées au Parlement de Normandie, le 2 juillet 1711, portant « qu'il a encore « fait réussir la manufacture des grandes glaces coulées, dont il nous pré- « senta, en l'année 1691, les quatre premières épreuves qu'il en fit, les- « quelles nous vismes avec plaisir, en présence des intéressez, qui décla- « rèrent qu'on avait l'obligation entière à l'exposant de cet heureux « succès. » Abraham Thévart ne fit que prêter son nom à la Compagnie qui exploita la découverte de Louis Lucas de Néhou, sous la direction de celui-ci. Le 22 octobre 1865, les administrateurs de Saint-Gobain ont reconnu et consacré, par une inscription bien tardive, les droits du verrier normand « qui inventa la méthode de couler les glaces. »

rêt du 17 juin 1638. Un ouvrier verrier nommé Bourniol, après avoir travaillé pendant seize ans à Saint-Sever, était allé établir une verrerie de cristal au village de Beaubray, près Conches, avec le concours de Messire Jean Postel, vicomte de cette ville. Les frères d'Azémar l'ayant attaqué devant la Cour du Parlement, pour avoir porté atteinte à leur privilége, Bourniol, qui se qualifiait *maître de l'art de verrerie*, allégua, entre autres arguments, que ceux-ci n'agissaient que « poussés par une extrême jalousie envers lui, de « peur qu'il ne communiquât par son travail à la France les plus « beaux secrets de l'art de verrerie auquel il a si bien réussi, ce que « les dits d'Azémar n'osent méconnaître, que ses ouvrages en verre « et principalement *aux glaces de miroirs*, égalent en beauté et en « perfection les plus rares pièces de Venise. » Cette perfection, dont Bourniol avait raison d'être fier, était nécessairement le fruit d'une longue expérience qu'il ne pouvait avoir acquise qu'à la verrerie de Saint-Sever. Quelque intelligence qu'on lui suppose, il n'aurait certainement pas pu, peu de mois seulement après sa sortie de cet établissement, produire lui-même des glaces aussi parfaites, si, pendant les seize ans qu'il y avait travaillé, il n'avait vu pratiquer sous ses yeux le soufflage et tous les procédés de cette difficile fabrication.

En récompense de leurs travaux, Jean et Pierre d'Azémar obtinrent, au mois de mars 1635, le renouvellement de leur privilége, non plus seulement pour un temps limité, mais à *perpétuité* « pour « eux et leurs successeurs descendants de leur famille et non autres (1). » Ils moururent l'un et l'autre quelques années après, Jean sans enfants, Pierre en laissant sa veuve, Anne Girard, chargée de dix enfants mineurs, avec bon nombre de dettes, pour le paiement desquelles les créanciers saisirent tous leurs biens. La verrerie elle-même avait été engagée à Nicolas Depaulle, épicier à Rouen, lorsque, pour sortir d'embarras, Anne Girard eut recours au roi, qui, par lettres-patentes de juin 1642, enregistrées au Parlement le 19 juillet suivant, non seulement confirma, en faveur de ses enfants,

(1) Rap. civ. Arrêt du 24 novembre 1635.

le privilége perpétuel accordé à Pierre d'Azémar, mais encore mit la verrerie à l'abri des poursuites des créanciers, en la déclarant insaisissable et incessible. « Attendu, disent ces lettres, les grands ser- « vices que les dits deffunts nous ont rendus et au publicq, nous ne « pouvons en accorder la continuation à aultres qu'aux dits enfants « qui la peuvent tenir et exercer soulz la conduite de leur mère. « Pour ce qu'il semble que telles permissions et commissions ne se « peuvent valablement accorder qu'à temps ou à vie, d'aultant que « c'est par la considération de l'exercice en l'art dont presque tou- « jours seul est capable celuy à qui elles sont octroyées et lequel « souvent finit avec sa vie; néantmoins ayant esté assuré par de nos « plus spéciaux serviteurs, gens dignes de foy, que par le long temps « que la dite veuve Gérard a esté avec son feu mary, elle a entière- « ment apris la science et économie du dit art de faire verres en « cristal..... Permettons à la dite dame Gérard, veuve, et aux en- « fants masles du dit deffunt Pierre d'Azémar, *et à leurs fils héritiers « et successeurs masles à perpétuité qui se rendront dignes du dit art et « feront l'actuelle fonction et non autrement*, l'exercice de la dite ver- « rerie..... sans qu'aucun d'eux puisse vendre ni engager la presente « concession, pour quelque cause que ce soit, ny les lieux et place « où les dits fournaux destinez au dit art sont establis; dont aussi ils « ne pourront estre dépossédez par vente ny aultrement, non plus « que de la presente permission, faisant pour cet effet tres expresses « deffenses à toutes personnes d'establir en notre ville de Rouen et « ressort du Parlement aucune verrerie de cristal (1)... »

Quelque exorbitant que puisse paraître un pareil monopole, il fut enregistré sans opposition, et Anne Girard put croire ses descendants investis à perpétuité du droit de fabriquer seuls du cristal dans toute l'étendue du ressort du Parlement.

Déjà quatre familles normandes, nobles de race, les *de Cacqueray*, *Le Vaillant*, *de Brossard* et *de Bongars*, jouissaient, de temps immémorial, du privilége exclusif de souffler et de travailler le verre à

(1) Rap. civ. Arrêt du 19 juillet 1642.

vitres connu sous le nom de *verre en plats* (1) ou verre de France, dont l'invention, attribuée à Philippe de Cacqueray, paraît remonter au XIVe siècle. Il existait, toutefois, une différence notable entre les deux privilèges. Les gentilshommes verriers issus de ces quatre familles, libres de porter leur art et leur travail partout où ils croyaient pouvoir réussir, étaient les premiers intéressés, en raison même de leur privilége, aux progrès et au développement d'une industrie qu'ils avaient seuls le droit d'exercer. Au XVIIIe siècle, les nombreuses verreries créées et exploitées par eux en Normandie pouvaient non seulement suffire à la consommation de la province et de Paris, mais encore exporter des verres à vitres, pour des sommes considérables, en Hollande et dans les pays du Nord. Leur privilége n'était donc en rien contraire aux intérêts de l'industrie. Aussi s'est-il maintenu pendant près de quatre cent cinquante ans, jusqu'à l'époque où les verres en plats ont eux-mêmes été abandonnés et remplacés par ceux à manchons qui se fabriquent aujourd'hui.

Pouvait-il en être de même du monopole des descendants de Pierre d'Azémar? Les lettres-patentes que nous avons passées en revue leur conféraient le droit d'interdire la fabrication du cristal dans toutes les verreries de la Normandie, mais sans leur permettre à eux-mêmes d'étendre cette fabrication ailleurs que dans leurs fourneaux de Saint-Sever. Un pareil privilége, concédé d'abord pour un temps limité, en vue d'encourager et de protéger les débuts d'une industrie qui exigeait des dépenses et une mise de fonds considérables, ne pouvait être prolongé indéfiniment sans arrêter le développement naturel de la production, en éloignant les verreries d'une province que ses nombreuses forêts rendaient plus propre qu'aucune autre à la fabrication du verre. Il était donc nécessairement condamné à tomber devant les progrès et les besoins de la con-

(1) On désignait sous ce nom les disques ou plateaux de verre au milieu desquels se trouvait une loupe ou boudine, qui se rencontre encore quelquefois dans les anciens carreaux de vitre. Cette sorte de verre, complètement abandonné en France, se fabrique encore beaucoup en Angleterre.

sommation, et nous ne devrons pas être surpris de le voir bientôt disparaître.

Après avoir de nouveau empêché l'établissement d'une verrerie à Beaubray (1), Anne Girard, armée du privilége de ses enfants mineurs, appela devant le Parlement, au mois de juillet 1646, Thomas de Brossard, sieur de l'Air du Bois, Jean de Brossard, Françoise Duhamel, veuve de Philippe de Mesenge, Pierre de Belleville, Olivier de Brossard et Jacques de Mesenge, maîtres des verreries de Beauds, de la Petite Verrerie, de Fougères, de Brix, de La Ferrières et de La Pierre, c'est-à-dire à peu près tous les verriers qui fabriquaient du verre blanc dans la province, pour leur faire interdire « de travailler en aucun verre ni ouvrage de cristal. » Vainement ceux-ci essayèrent de repousser cette prétention en produisant une « attestation passée devant les notaires de la vicomté de Domfront, « le 10 février 1647, par les paroissiens de la Ferrière, qu'il y avait « quarante ans ou environ que Joachim de Brossard, sieur de Pé- « roux, aïeul des dits Thomas et Jean de Brossard et de Mesenge, « avait fait construire une verrerie en la paroisse de La Ferrière, en « laquelle il faisait du verre de cristal et chambourin (2), et que « lorsqu'il y avait eu des verreries dans la paroisse, on y avait « toujours fait des verres de cristal comme à présent. » Puis un extrait des registres des tabellions de Domfront, « comme « quoi Masquerel, Barthelemy Le Barbier et Adonis Bellissimo, « gentilshommes verriers, s'étaient obligés envers Joachim et « Jacques de Brossard de travailler en verre de cristal en sa ver- « rerie de La Ferrière. » Et enfin, pareil marché passé devant les tabellions d'Argentan par Adonis d'Alicier avec Philippe de Mesenge, le 6 août 1629. La Cour, par une interprétation rigoureuse du privilége, leur fit défense, sous peine de démolition de leurs fourneaux, de faire aucun verre de cristal, « et à tous ouvriers, sous

(1) Rapports civils. Arrêt du 10 mars 1645.

(2) On désigne sous le nom de Chambourin une espèce de pierre qui sert à faire les verres de cristal dans les verreries de Normandie.— Savary des Bruslons. (*Dictionnaire du Commerce.*)

« peine d'amende, *de travailler aux dits ouvrages ailleurs qu'aux* « *fourneaux de la veuve et des descendants d'Azémar* (1). »

Cet arrêt était la ruine de l'industrie verrière en Normandie. Les verriers étaient condamnés à ne pas sortir de la fabrication du verre commun, alors que ce verre était de plus en plus délaissé pour des produits plus perfectionnés. Aussi tous en appelèrent à l'autorité souveraine ; et, par lettes-patentes données à Dijon au mois d'avril 1650, le roi, en confirmant en leur faveur les privilèges accordés aux gentilshommes verriers du royaume, leur permit spécialement de faire du verre de cristal.

Ces lettres ne furent présentées et enregistrées au Parlement qu'en 1659 (2). Ce fut la première atteinte portée au privilége de la famille d'Azémar, ou plutôt ce fut sa fin. Quelques années plus tard, en 1664, Pierre, Philippe et Jean d'Azémar essayèrent inutilement de le revendiquer en se portant opposants à l'enregistrement des lettres d'établissement d'une verrerie de cristal que maître Charles Delaporte, conseiller au Parlement, avait obtenu la permission d'élever en sa terre de la Ferté, en la vicomté de Breteuil ; la Cour, ne tenant plus aucun compte des défenses portées aux lettres-patentes et aux arrêts de 1635 et de 1642, rejeta leur opposition (3). La fabrication du cristal put dès lors se développer librement dans la province.

Bien qu'elle ne fût plus désormais protégée par un privilége exclusif, la verrerie de Saint-Sever n'en a pas moins subsisté pendant une grande partie du XVIIIe siècle. Oursel, dans son *Histoire de la ville de Rouen*, en fait mention en 1759. Malheureusement nous n'avons plus, quant à présent, de documents sur cette seconde période de sa fabrication. Nous savons seulement, par les registres de l'Etat civil de la paroisse Saint-Sever, qu'en 1738 elle était désignée sous le titre de Manufacture royale de cristaux, et exploitée par *Jean-Baptiste Cardon, apothicaire ordinaire du roi*, qui mourut en 1739.

(1) Rap. civ. Arrêt du 21 août 1648.

(2) Rap. civ. Arrêt de la Cour des Aydes du 4 avril 1659.

(3) Registres d'audience, 8 et 24 juillet 1664. Rapports civils. Arrêt du 24 juillet 1664.

Louis de Barniole, écuyer, sieur de Fourchambault, y travaillait comme ouvrier verrier. Les mêmes registres mentionnent aussi, en 1753, *Antoine-François Hubert*, maître de la verrerie royale de Saint-Sever (1).

Au XVIIIe siècle, nous ne retrouvons donc plus la famille d'Azémar. Nous regrettons de n'avoir pu suivre jusqu'au moment où ils se sont retirés, les descendants de ces gentilshommes verriers qui, pendant trois cents ans, ont consacré leur intelligence aux progrès de la verrerie et les premiers en France ont découvert les moyens de fabriquer le cristal.

(1) Nous devons ces derniers renseignements à l'obligeance de M. Pottier.

PIÈCES JUSTIFICATIVES.

N° 1. Lettres de concession en faveur de de Garsonnet. — Arrêt du 27 avril 1605.

N° 2. Lettres de prorogation du privilége. — Arrêt du 26 juin 1613.

N° 3. Cession du privilége aux frères d'Azémar. — Arrêt du 15 juillet 1619.

N° 3 bis. Contrat de cession de de Garsonnet à d'Azémar. — 17 janvier 1619.

N° 4. Contrat de Société entre d'Azémar et Antoine Girard. — 19 janvier 1619.

N° 5. Lettres de prorogation du privilége en faveur de d'Azémar. — Arrêts des 5 mai 1623 et 31 juillet 1629.

N° 6. Opposition de Antoine Girard, sieur de Saint-Amant. — Arrêt du 23 septembre 1627.

N° 7. Actes de naissance de Girard de Saint-Amant, de ses frères et de ses sœurs.

N° 8. Lettres de concession perpétuelle aux frères d'Azémar. — Arrêt du 24 novembre 1635.

N° 9. Arrêt faisant défense à Jean Bourniol d'établir une verrerie de cristal près Conches. — Arrêt du 17 juin 1638.

N° 10. Confirmation du privilége perpétuel en faveur des descendants de Pierre d'Azémar. — Arrêt du 19 juillet 1642.

N° 11. Arrêt faisant défense au sieur de Bray de faire du cristal à Beaubré, près Conches. — Arrêt du 10 mars 1645.

N° 12. Arrêts rejetant l'opposition formée par Pierre, Philippe et Jean d'Azémar à l'enregistrement des lettres d'établissement de la verrerie de la Ferté. — Arrêts du 26 juillet 1664.

N° 1.

Lettres de concession en faveur de de Garsonnet.

Arrêt du 27 avril 1605.

Henry par la grâce de Dieu, Roy de France et de Navarre, à tous ceulx qui ces presentes verront, salut. Estant dueman assurez de l'expérience, capacité et industrie de nostre bien aimé François de Garsonnet de nostre ville d'Aix en Provence, pour faire toute sorte de verre de cristal, l'ayant à ces fins faict venir prez de nous pour nous servir de son industrie tant à la décoration de noz maisons que pour la commodité publique de noz subjetz; et après avoir recongnu que nous ne le sçaurions establir en lieu plus commode qu'en *nostre ville de Rouen* et ressort de nostre court et parlement au dit lieu où il n'y a aucunes verreryes *de cristal* et affin que nostre d. ville et province en soient d'aultant plus décorées et accommodées, sçavoir faisons qu'aprez avoir mis cest affaire en délibération et que ce sera chose qui ne pourra apporter que toute commodité tant à nous que au publicq. Pour ces causes et aultres à ce nous mouvant, de notre certaine science, plaine puissance et auctorité royalle, avons au d. de Garsonnet permis et permettons qu'il puisse faire bastir, construire et establir en nostre d. ville de Rouen en tel lieu le plus commode que faire se pourra, une verrerye de cristal pour y *faire travailler toutes sortes d'ouvriers étrangers* que bon luy semblera, et d'icelle jouir avec les mêmes honneurs, autoritez, prérogatives, privilléges, franchises et exemptions dont ont accoutumé de jouyr et user, jouissent et usent les autres verriers de nostre royaume, sans qu'il puisse être permis aux d. verriers ny aultres quelconques personnes que ce puisse estre de pouvoir establir aucunes verreryes de cristal dans la d. ville et ressort de nostre court et parlement de *dix ans après que la verrerye du d. de Garsonnet sera establye*, affin qu'il ne soit frustré de la despense des frais qu'il luy conviendra faire pour le d. establissement qui serait sa totalle ruine, son industrie et invention ayant esté recongnues, ce qui ne serait raisonnable. Ce que nous leur desfendons sur peyne de rupture de toutes les verreryes qui se pourraient establir durant ledit temps au préjudice du d. de Garsonnet, de tous les despens, dommâges et intérets, de *mil escus d'amende* envers nous et de pareille somme au d. de Garsonnet.

Si donnons en mandement..... que de tout le contenu ci-dessus ils fassent le d. de Garsonnet ensemble ses ouvriers estrangers qui voudront travailler à la d. verrerye, joyr et user paisiblement......... car tel est nostre plaisir nonobstant toutes lettres, privilèges à ce contraire auxquels nous avons dérogé et dérogeons par ces présentes.

Donné à Paris le 8e jour de mars l'an de grâce 1605 et de notre règne le 16e.....

Signé HENRY.

Veu par la court lesdites lettres patentes.....

. . . .

La court a ordonné et ordonne que les d. lettres patentes seront registrées ez registres d'icelle pour du contenu joyr et user selon leur forme et teneur, à la charge que le d. impétrant n'achestera le boys que des marchands adjudicataires des ventes ou des particuliers propriétaires.

(Arch. du Parlem. Rapports civils, 27 avril 1605.)

N° 2.

Lettres de prorogation.

Arrêt du 26 juin 1613.

Louis par la grâce de Dieu, Roy de France et de Navarre..... Nostre cher et bien aimé François de Garsonnet de nostre ville d'Aix en Provence, maître de la verrerie en cristal de Rouen, nous aurait remonstré qu'il aurait obtenu privilège pour dix années de nostre très honoré seigneur et père, que Dieu absolve, pour faire construire une verrerie de cristal en nostre ville de Rouen......... en l'exercice de laquelle verrerie il s'en est bien et dignement acquitté tant en la manufacture des verres de cristal commun comme raffinez en façon de Venise que aussy en l'ouvrage de canon et esmaulx de verre de *belles et riches couleurs non encore usitées* au contentement d'un chacun ; duquel temps le d. de Garsonnet n'en a pleinement joy tant par la disette des *vins* et aultres boissons qui ont cours au d. pays par trois ou quatre années incontinent après son establissement, l'incommodité qu'il a de retrouver des ouvriers pour estre en lieu éloigné et incommode qui l'ont contraint de cesser souvent son travail, que aussy pour l'*infortune du feu* qui lui est arrivé, qui a bruslé toute la d. verrerie qui estait pour lors fournie de grande quantité de boys et de grands nombres de matériaux et ustensils servant à la d. verrerie qui tous ont esté consommez, destruitz et mis en cendres, perte tellement notable qui lui a osté le moyen de pouvoir remettre sur pied la d. verrerie de plus de deux années après. Donc par ce moyen se trouvait que le d. de Garsonnet n'aurait joy de la moitié du temps porté par le d. privilège ce qui ne serait raisonnable, nous requérant très humblement luy vouloir continuer, confirmer, prolonger le d. privilège pour aultres dix années et luy délivrer noz lettres à ce nécessaires.

Savoir faisons que, nous à ces causes et pour donner moyen au d. de Garsonnet d'aucunement se récompenser des pertes et incommoditez qu'il a souffertes par l'inconvénient du feu, et aussy que nous ne sçaurions faire élection d'homme plus intelligent et capable par le tesmoignage qu'il en a déjà rendu tant en l'art de la d. manufacture de verres de cristal ordinaire et rasfiné que aussy aux ouvrages de toutes sortes de couleurs, de canon et esmaulx de verre dont nous désirons nous en servir pour la décoration de noz maisons, pour aultres considérations à ce nous mouvant..... Avons de l'advis de la Royne régente nostre très honorée dame et mère, confirmé par ces présentes signées de nostre main, au d. de Garsonnet, la d. verrerie en nostre d. ville de Rouen, pour le temps et espace de dix aultres années à commencer du jour et dabte que l'autre privilège qu'il a obtenu sera expiré..... sans qu'il puisse estre permis aux d. verriers ny aultres quelconques personnes que puissent estre de pouvoir establir dans la d. ville et ressort de nostre d. parlement aucunes verreries pour y travailler en cristal, canons et esmaulx de verre durant le d. temps; ce que nous leur avons dès à présent très expressément desfendu et desfendons par ces présentes sur peine d'estre rompues et desmolies, de 1000 escus d'amende envers nous et de pareille somme envers le d. de Garsonnet et de tous despens, dommâges, intérêts.

Sy donnons en mandement.......

Donné à Paris le 4e jour de May l'an de grâce 1613 et de nostre règne le 3e. Signé LOUIS.

. . . .

La court ordonne que les d. lettres patentes seront enregistrées ez registres d'icelle pour en joyr et user par le d. de Garsonnet selon leur forme et teneur, à la charge de prendre les boys par les mains des adjudicataires des ventes ou des particuliers propriétaires, *et qu'il n'en pourra user et consommer en sa verrerie que jusqu'à concurrence de deux acres.*

(Arch. du Parlem. Rapports civils, 26 juin 1613.)

N° 3.

Cession du privilége aux frères d'Azémar.

Arrêt du 15 juillet 1619.

Louis par la grâce de Dieu..... Le feu Roy dernier décédé nostre très honoré seigneur et père que Dieu absolve, aurait par ses lettres du 8e jour de Mars 1605 permis à nostre cher et bien aimé François de Garsonnet d'establir une verrerie de cristal en nostre ville de Rouen........ Depuis nous lui aurions prorogé le dit temps de dix années par aultres noz lettres patentes du 4e jour de May 1613..... Mais d'aultant que le d. de Garsonnet est parvenu en l'âge de vieillesse et que son indisposition le prive de nous continuer les services qu'il nous a rendus jusques à présent, il nous a très humblement faict suplier, suivant la démission par luy faicte le 17 janvier dernier, de vouloir subroger en son lieu et place noz chers et bien aimez *Jean et Pierre d'Azémar* frères, du lieu de St-Maurice en nostre pays de Languedoc, tant à raison des services que le d. Garsonnet nous a rendus et de l'expérience et capacité des d. d'Azémar au faict de la verrerye qu'en considération de ce que les d. d'Azémar ne se voulant servir à l'advenir que *du charbon de terre* en la d. verrerye ; la ruine et desgastz de noz forests evités et le transport du d. charbon que plusieurs de noz pauvres subjets feront des pays etrangers leur donnera moyen de s'employer et gagner leur vie. A ces causes................. Nous avons en considération de ce que les d. d'Azémar se serviront de charbon de terre, iceux subrogé et subrogeons par nos présentes signez de nostre main au d. de Garsonnet pour jouyr par eulx de la d. verrerie durant le temps porté par noz d. lettres du 4e de May 1613.

. . . .

Faisons défenses à tous aultres *d'establir aucunes verreries ny porter aucuns verres ou canons de verre pendant le d. temps dans nostre ville et ressort du parlement de Rouen,* sur les peynes portées par noz d. lettres et aultres arbitraires.

Sy donnons en mandement...........

Donné à Paris le 23e jour d'avril l'an de grâce 1619 et de nostre règne le 9e.

Signé LOUIS.

Sur la requeste présentée par Jean et Pierre d'Azémar, gentilshommes verriers ayant le droit cédé de François de Garsonnet, tendant à ce que les lettres patentes données à Paris le 23e jour d'Avril der soient vériffiées, registrées aux registres de la court pour en jouyr par les d. d'Azémar selon leur forme et teneur, à la charge de bailler par eux caution de tenir la verrerie de cristal establie au faulxbourg de Saint-Sever en ceste ville de Rouen duement fournie de verres et canons de semblables qualités et bontés que en faisait le d. de Garsonnet et de diminuer le prix d'iceux à quoy les d. d'Azémar se submettent.

. . . .

La court ordonne que les d. lettres seront registrées pour du contenu jouir par les impétrants *fors et réserves pour la prohibition à tous aultres d'apporter d'ailleurs verres ou canons de verre en ceste ville de Rouen, sans préjudice de la vente des verres de cristal et fougères ny que ceux qui y apporteront les d. verres et canons de verre y puissent être troublez ny empeschez;* et à la charge de faire de bons et loyaux verres et de bonne matière, et au surplus ayant esgard à la conclusion du procureur général enjoint à ceux qui prétendent avoir verrerie de cristal en ceste province de faire apparoir au d. procureur général leur establissement dans six semaines après la signification qui leur sera faicte du d. arrêt.

(Rapports civils, 15 juillet 1619.)

N° 3 bis.

Contrat de cession de de Garsonnet à d'Azémar.

(Analyse.)

Le 17 janvier 1619, fut présent François de Garsonnet, gentilhomme verrier, lequel confesse avoir reçu comptant de Jean et Pierre d'Azémar la somme de 7,500 livres tournois, pour et à cause de la démission faite par de Garsonnet, sous le bon plaisir du Roi, au profit desdits d'Azémar, du privilége d'avoir verrerie à Rouen.

Lesdits d'Azémar reconnaissent devoir à de Garsonnet la somme de 22,307 l. 17 s. 8 d. pour la vente et cession qui leur a été faite de toute la quantité de verres à boire et autres, émaulx, soulde, salin, fourneaux, ustensiles et autres choses servant à ladite verrerie.

D'Azémar s'engagent à dégager de Garsonnet des louages de la maison où est la verrerie jusqu'à la fin du bail fait par Bocadœuvre, duquel il reste encore cinq ans de jouissance du jour de Saint-Michel 1618, à raison de 180 l. par an.

Honorable homme *Antoine Girard, marchand*, demeurant en la paroisse de Saint-Sever, a volontairement *cautionné* lesdits d'Azémar pour les sommes qu'ils se sont obligés de payer.

Comme il ne reste que six ans du privilége accordé à de Garsonnet, ce dernier s'oblige d'obtenir, à ses frais et dépens, de Sa Majesté, au nom des dits d'Azémar, une prolongation de quatre ans de jouissance, et plus si faire se peut, et de lui délivrer lettres du Roi de prolongation dans le délai de deux mois, sans toutefois demeurer garant de la jouissance des dits d'Azémar, soit par révocation ou tout autre cause.

(Tabellionnage des meubles de la ville de Rouen, 17 janvier 1619.)

N° 4.

Contrat de Société entre d'Azémar et Antoine Girard.

19 Janvier 1619.

Le 19 janvier 1619, furent présents les dits d'Azémar, lesquels ont reconnu et confessé que la demie qu'ils ont fait par ci-devant et font encore de présent, en la maison de *Antoine Girard, marchand*, de la paroisse de Saint-Sever, n'a été, n'est ni sera pour contracter ni acquérir aucune communauté aux biens l'un de l'autre, mais seulement pour jouir et leurs ouvriers de la verrerie concédée à de Garsonnet, duquel ils représentent le droit..... où les dits d'Azémar y entrent pour une moitié et le dit Girard pour l'autre moitié..... A cette cause les dits d'Azémar ont renoncé et renoncent à la dite communauté de biens qu'ils voudraient dire et inférer être entre eux à cause de la dite demie, reconnaissant les dits sieurs d'Azémar que tous les meubles et ustensils de ménage étant en la maison du dit Girard, comme couches, lits, matelas, vaisselle et autres meubles lui appartenant n'y prétendront aucune chose, mais seulement à la marchandise de verrerie et ustensils servant à ladite verrerie, pour une moitié comme dit est..... La dépense de bouche qui se fera en ladite maison sera commune et payée par moitié ; par ce toutefois que le dit Girard se soumet et oblige faire à ses frais et dépens de lui seul dans ladite maison les croisées, portes et autres ouvertures pour y dresser la dite verrerie et fourneaux d'icelle lors et quand ils la voudront retirer de là où elle est à present, sans que les dits d'Azémar puissent prétendre ni toucher pour leur travail autres gages du dit Girard, lequel de ses peines n'en pourra verseux prétendre *pour le travail qu'il fera de la négociation de la dite marchandise de verre*..... d'Azémar reconnaissent que le dit Girard a déposé 3000 l. pour leur moitié des 7,500 l. versés à de Garsonnet : ils promettent par corps et biens le rembourser.

(Tabellionnage des meubles de Rouen, 19 janvier 1619.)

N° 5.

Lettres de prorogation du privilège en faveur de d'Azémar.

Arrêts des 5 mai 1623 et 31 juillet 1629.

Louis..... bien informez de l'expérience et capacité de nos chers et amez Jean et Pierre d'Azémar frères, de notre pays de Languedoc, en l'art de verrerie, certains aussi qu'ils sont de *noble extraction et que leurs predécesseurs en ont depuis 250 ans continuellement faict la profession*.............. pour l'entretiennement de la d. verrerye il leur convient faire de grands frais qui leur tourneraient à perte si après l'expiration des dix ans dont il ne reste que peu de temps, la liberté estait donnée d'establir d'autre verrerie dans notre ville et ressort du parlement de Rouen........ Sçavoir faisons que...... prolongeons la jouissance et entretiennement de la d. verrerye establie en notre ville de Rouen pour le temps de six ans pour faire verres, canons et tous aultres ouvrages de cristal, les vendre et débiter.... defendons expressement à toutes personnes d'establir en nostre ville et ressort du Parlement de Rouen aucune verrerie de cristal ni faire apporter en icelle aucuns verres, canons, aymaux ou *glasses*.....

Donné à Paris, le 6e jour de febvrier l'an de grâce 1623.

—

La chambre des comptes..... ordonne que les lettres patentes seront registrées pour être exécutées selon leur forme et teneur, à la charge que pour l'usage de la d. verrerie, ils ne pourront *se servir que de charbon de terre ny empescheront d'apporter dans ce ressort aucune manufacture de verrerie.* — 5 May 1623.

(Mémoriaux de la Cour des Comptes de Norm.)

—

Une nouvelle prorogation de six années est accordée à Jean et Pierre d'Azémar par lettres patentes du 15 mai 1627, en tous points conformes à celles du 6 février 1623.

(Arrêt de la Cour des Aydes du 31 juillet 1629.)

N° 6.

Opposition de Antoine Girard, sieur de Saint-Amant.

Arrêt du 23 septembre 1627.

Entre Jean et Pierre d'Azémar, gentilshommes verriers..... en requête afin qu'il soit procédé à la vérification des lettres à eux octroyées par le Roy le 15 may dernier pour la prolongation de jouissance de la verrerie de cristal établie au faubourg Saint-Sever de cette ville.... et *Antoine Girard, sieur de Saint-Amand*, opposant et demandeur ès requêtes des 9 et 11 de ce mois, d'autre part.

Vu par la Cour..... copies des requêtes présentées par ledit Girard, sieur de Saint-Amand, pour être reçu opposant contre la vérification des dites lettres, en conséquence du don qu'il disait lui avoir été fait par Sa Majesté du privilége de la dite verrerie par lettres patentes de Sa dite Majesté et du brevet qui lui en avait été expédié contenant la révocation des lettres obtenues par les dits d'Azémar; copie du dit brevet du 10ᵉ de juin 1627. Arrêt de la Cour du 17 août dernier, par lequel avait été ordonné que dans trois jours pour tous délais ledit Girard communiquerait tant au procureur général que aux dits d'Azémar l'original du dit brevet, à faute de quoi faire ladite Cour l'avait dès lors débouté de son opposition et ordonné que les dites lettres patentes obtenues par les dits d'Azémar seraient communiquées au procureur général pour, ses conclusions vues, être ordonné ce que de raison. Autre arrêt de ladite Cour du dernier jour du dit mois d'août, par lequel avait été de reschef ordonné que dans trois jours pour tous délais le dit Girard satisferait au précédent arrêt, autrement et à faute de ce faire, serait déclaré absolument forclos et débouté de son opposition. ..... Autre arrêt du sixième de ce présent mois, par lequel la dite Cour, vu les précédents arrêts, *aurait débouté le dit Girard de son opposition, avec dépens*, et ordonné que lesdites lettres patentes de prolongation octroyées aux dits d'Azémar seraient communiquées au procureur général. La requête presentée par le dit Girard le 9ᵉ de ce mois de septembre à ce que, attendu la representation par lui faite dans les 24 heures du jour du dit arrêt *de l'original du dit brevet* et autres pièces justificatives de sa dite opposition, il soit reçu à l'opposition par lui formée à l'entérinement des dites lettres obtenues par les dits d'Azémar. Autre requête présentée par le dit Girard le onzième de ce dit mois, pour faire défenses aux dits d'Azémar de lever ledit arrêt, attendu qu'il était prêt d'être ouï sur la dite opposition, le dit original du brevet joint aux dites requêtes : conclusions du procureur général, tout considéré :

Il sera dit que la Cour, *sans avoir égard aux requêtes du dit Girard*, a ordonné et ordonne, du consentement du procureur général, que les dites lettres patentes de prolongation accordées aux dits d'Azémar pour le temps de six ans de la jouissance de la dite verrerie du 15 de may dernier, seront registrées ès registres de la Cour pour du contenu jouyr par les dits d'Azémar selon leur forme et teneur, aux charges contenues aux lettres patentes du 23 avril et arrêt de vérification d'icelles du 15 juillet 1619.

(Rapports civils, 23 septembre 1627.)

N° 7.

Actes de naissance de Girard de Saint-Amant, de ses frères et de ses sœurs.

1° Du dernier jour de septembre 1594 a esté baptisé le fils d'Anthoine Girard et de Anne Hatif, présenté par Guillaume Lecœur et nommé *Anthoine*.

—

2° Du 7 novembre 1695 *Guillaume* Girard fils de Anthoine Girard diacre en ceste église et de Anne Hatif sa femme, presenté par Guillaume Hatif ayeul maternel de l'enfant.

—

3° Du 19 novembre 1596 *Anne* Girard fille de Anthoine Girard diacre en ceste église et de Anne Hatif sa femme presentée par Jehan de Saint-Leger le jeune.

—

4° Du 22 décembre 1597 *Suzanne* Girard fille de Anthoine Girard diacre en ceste église et de Anne Hatif sa femme presentée par Guillaume Toutain et la femme de Jean Thorel.

—

5° Du 16 mars 1599 *Salomon* Girard fils de Anthoine Girard et de Anne Hatif sa femme presenté par Salomon Le Mazure et Marie Pimont femme de Gaspard Anthoine.

(Registres de l'État civil des protestants)

N° 8.

Lettres de concession perpétuelle aux frères d'Azémar.

Arrêt du 21 novembre 1635.

Louis..... la connaissance que nous avons eue que les grands états, après avoir été accrus et augmentés par les armes, se sont conservés et rendus florissants par l'exercice des sciences et des arts tant libéraux que mécaniques, nous a obligé d'exciter nos sujets par toutes sortes de moyens à s'y adonner, et comme les esprits vertueux n'ont autre objet de leurs travaux que l'honneur, aussi en avons-nous départi les marques ordinaires à ceux qui s'étant acquis quelques excellences et qualités extraordinaires s'en sont rendus dignes, et principalement *aux maîtres en l'art de verrerie* dont les effets admirables nous ont donné sujet d'accorder plusieurs privilèges à ceux qui l'exercent, parmi lesquels nos chers et bien aimés Jean et Pierre d'Azémar frères, gentilshommes d'extraction, de notre pays de Languedoc, continuant la profession que leurs prédécesseurs ont faite depuis 250 ans et dans laquelle *ils ont les premiers trouvé l'invention de travailler en cristal*, ont été établis en la ville de Rouen par nos lettres du 6 février 1623....... mais d'autant qu'ils ont fait de grandes dépenses en ladite verrerie de laquelle il sort aujourd'hui *de plus excellents ouvrages que d'aucune de ce Royaume*, ils nous ont très humblement supplié leur vouloir pour récompense de leurs longs travaux accorder la jouissance d'icelle *à perpétuité*, ainsi que nous avons ci-devant fait à Jean Mareschal de cette ville de Paris, mettant en considération que depuis 250 ans leurs prédécesseurs et eux travaillent à perfectionner le dit art de verrerie et qu'ils y ont si bien réussi que les *ouvrages de Venise n'ont plus aucun avantage sur les leurs*. A ces causes..... continuons aux dits exposants et *leurs successeurs* la jouissance de la verrerie de cristal établie en la ville de Rouen pour en jouir aux honneurs..... défendant très expressément à toutes personnes d'établir en notre dite ville et ressort du parlement de Rouen aucune verrerie de cristal, ni faire apporter en icelle aucuns verres, canons, émaux ou glaces sur les peines portées par nos dites lettres et autres arbitraires.

Si donnons en mandement.....

Donné à Paris au mois de mars l'an de grâce 1635 et de notre règne le 25eme.

—

La Cour ordonne que les dites lettres patentes seront registrées ès re- ... d'icelle pour en jouir par les dits d'Azémar et *leurs successeurs des- ... de leurs familles et non autres*, à la charge que aucune autre pareille ... de cristal ne pourra être établie dans la province et ressort de ce ... nt et que les dits d'Azémar et leurs successeurs ne pourront empê- ... l'apport et distribution des verres et ouvrages de cristal et feugères du ... n cette ville, ni user en leur verrerie autre chose que du *charbon de* ... , à défaut d'icelui, plus grande quantité que deux arpens de bois ... forêts que de celles réservées pour la fourniture de cette ville.

(Rapports civils, 21 novembre 1635.)

N° 9.

... faisant défense à Jean Bourniol d'établir une verrerie de cristal près Conches.

Arrêt du 17 juin 1638.

... Jean et Pierre d'Azémar, escuyers, maîtres de la verrerie hors le ... de cette ville... d'une part

... Messire Jean-Baptiste Postel, vicomte de Conches, et Jean Bourniol, ...leurs... d'autre part.

... Carvé pour les dits d'Azémar, lequel a dit que, dès l'an 1605, Fran- ... Garsonnet avait obtenu des lettres du feu Roy pour établir une ver- ... Rouen..... le dit de Garsonnet ayant cédé son droit aux dits sieurs ... mar, ils en ont joui paisiblement en vertu de lettres de continuation ... ux à diverses fois obtenues, les dernières desquelles portent la date ... rs 1635 et sont de beaucoup plus amples que les précédentes, qui n'é- ... que pour un temps limité, au lieu que les dernières portent continua- ... du dit privilège pour eux et leurs successeurs, tellement qu'à present ... euvent dire qu'ils ont seuls le dit privilège et n'y peuvent être troublés ... quelque personne que ce soit ; et néanmoins le dit Bourniol ayant quitté ... te verrerie, après y avoir travaillé sous eux pendant 15 ou 16 ans, s'est ... depuis peu de vouloir establir une autre verrerie de cristal proche de ... ville de Conches, et s'est pour cet effet associé avec le vicomte dudit lieu, ... faveur duquel il a commencé à faire batir un fourneau, ce qui a obligé ... dits d'Azémar de faire défenses à l'un et à l'autre de passer outre, à quoi ... prétendent être bien fondés, vû les termes exprès de leurs lettres pa- ... es portant l'établissement de leur verrerie...

Et Paumier, avocat pour le dit Postel, lequel a persisté à la déclaration qu'il a faite ci-devant, n'ayant aucun intérêt ni association à la dite verrerie avec Bourniol, demandant un congé de cour...

Et le dit Paumier, avocat pour *Bourniol maître en l'art de verrerie*, a soutenu les dits d'Azémar non recevables en leur action en ce que ils sont déchus du privilège par lequel ils prétendaient d'être loisible qu'à eux seuls de tenir une verrerie de cristal dans le ressort de ce parlement, y ayant renoncé par la vente ou engagement de la dite verrerie de cette ville à Nicolas Depaulle, épicier ; ensuite de quoi ils ont abandonné la province il y a plus de quatre ans *pour en établir une autre au village du Caule* en Picardie, où ils demeurent et travaillent actuellement, si bien que les dits d'Azémar ont tacitement renoncé au privilège, quand bien même il serait valable, par la cession qu'ils en ont faite à Depaulle, ce qu'ils n'ont pu ni dû faire, vû que par les lettres qu'ils ont obtenues du Roy et la teneur de l'arrêt de vérification d'icelles à la Cour, le dit privilège n'est que pour eux, leurs successeurs et descendants de leur famille et non autres. Ce qui fait voir l'abus que commettent les dits d'Azémar voulant empecher l'établissement de la dite verrerie pour en tirer un profit indirect, ou qu'ils sont poussés d'une envie extrême envers le dit Bourniol de peur qu'il ne communique par son travail à la France les plus beaux secrets de l'art de verrerie, auxquels il a si bien réussi, ce que les dits d'Azémar n'osent méconnaître, que *ses ouvrages en verre et principalement aux glaces de miroirs égalent en perfection les plus rares pièces de Venise*. En sorte qu'il ne serait pas raisonnable que sous prétexte qu'ils ont obtenu par surprise les dites lettres de Sa Majesté qui ont été vériffiées à la Cour sans y appeler aucun des maîtres de verrerie de la province, ils aient frustré la province de l'exercice de l'un des plus beaux arts mécaniques...

La Cour, ayant égard au mandement et y faisant droit, a fait et fait *défenses à toute personne d'établir aucune verrerie pour faire cristal*, sans lettres et permission de Sa Majesté, et condamne ledit Bourniol aux dépens modérés de 20 livres.

(Registres d'audience, 17 juin 1638.)

N° 10.

Confirmation du privilège perpétuel en faveur des descendants de Pierre d'Azémar.

Arrêt du 19 juillet 1642.

Louis... duement informé du long temps qu'il y a que les sieurs d'Azémar issus d'une des plus nobles et anciennes familles de nostre province de

Languedoc se sont adonnez en l'exercice de l'art de verrerie, ***lesquels sont les premiers en France qui ont trouvé l'invention de travailler en cristal;*** pour le désir que nous avons que notre Royaume soit remply de personnes dont l'esprit en l'art duquel ils font profession surpasse ceux des autres nations, nous aurions par nos lettres patentes du 6e febvrier 1623 permis à Jehan et Pierre d'Azémar, escuyers, d'établir une verrerie de cristal en notre ville de Rouen avec défenses à toute personne d'y travailler et s'y établir durant six ans. Les dits d'Azémar ayant basty une verrerie en la dite ville de Rouen, en icelle fait des ouvrages pendant le dit temps ***si beaux et excellentz qu'ils égalent ceux de Venise;*** nous leur aurions continué la dite permission jusques en l'année 1635; que voulant leur témoigner la satisfaction que nous avons d'avoir mis l'ouvrage des verres de cristal en sa perfection, leur aurions par aultres lettres du mois de mars 1635 accordé la dite permission pour eux et leurs successeurs à perpétuité..... depuis lequel temps iceux d'Azémar étant descédez sçavoir, le dit Jean sans enfants et le dit Pierre ayant laissé damoiselle Anne de Girard sa femme chargée de dix enfants desquels il y a cinq de garçons, avec grand nombre de dettes pour le paiement desquelles leurs créanciers ont fait saisir leurs biens, et ne reste à la dite de Girard et ses enfants que la dite verrerie, et combien que l'exercice des dits verres en cristal soit un art duquel autre que la dite veuve et ses enfants ne se peuvent servir ny leurs créanciers s'en prévaloir pour ne se pouvoir vendre....

(Voir la suite à la page 21)

Donné au mois de juing de l'an de grâce 1642 et de notre règne le 33e.

—

Sur la requête présentée par Anne de Girard, damoiselle veuve de Pierre d'Azémar maitre de la verrerie de cristal hors le pont de cette ville de Rouen..... la Cour ordonne que les dites lettres du mois de juin dernier seront registrées pour du contenu jouir par la dite Girard et ses enfants màsles et du dit deffunt Pierre d'Azémar et leurs fils héritiers successeurs màsles *à perpétuité;* à la charge que aucune autre verrerie ne pourra estre establie en ceste province et ressort et que la dite Girard, ses enfants et leurs successeurs ne pourront empescher l'apport et distribution des verres et ouvrages de cristal et feugères du dehors en ceste ville de Rouen, ny user pour le feu de leur verrerie autre chose que du charbon de terre, ou au défaut d'icelluy plus grande quantité que deux arpents de bois d'autres forêts que de celles réservéez pour la fourniture de la dite ville de Rouen, par les mains des marchands adjudicataires et non autrement.

(Rapports civils, 19 juillet 1642.)

N° 11.

Arrêt faisant défense au sieur de Bray de faire du cristal à Beaubré, près Conches.

Arrêt du 10 mars 1645.

Entre *Anne de Gérard* (1), damoiselle, veuve de feu Pierre d'Azémar, maîtresse de la verrerie située au faubourg Saint-Sever de Rouen, demanderesse à ce que défenses soient faites au sieur de Bray, au curé de la paroisse de la Vieille et à toutes autres personnes d'établir aucune verrerie dans cette province et à tous ouvriers d'y travailler à peine de 1500 livres d'amende, et qu'il soit ordonné que ce qui est commencé à faire ès paroisses de *Beaubré* et du dit lieu de la Vieille, au préjudice de la concession faite par le Roy à la dite de Gérard et à ses enfants de la verrerie de Saint-Sever et lettres de confirmation vérifiées en ce parlement, sera rompu à peine d'amende, et de faire saisir les marchandises, matériaux et outils y étant.....

La Cour faisant droit maintient la dite de Gérard en la jouissance de faire verres de cristal, comme elle faisait auparavant et fait défenses au dit de Bray et au curé de la dite paroisse de la Vieille et à tous autres de faire aucuns verres ni autres ouvrages de cristal, à peine en cas de contravention d'être les fourneaux démolis et condamne les defendeurs aux depens.

(Rapports civils, 10 mars 1645.)

N° 12.

Arrêt rejetant l'opposition formée par Pierre, Philippe et Jean d'Azémar à l'enregistrement des lettres d'établissement de la verrerie de la Ferté.

Entre Pierre, Philippe et Jean d'Azémar, maîtres de la verrerie de Rouen, opposants à l'enregistrement des lettres patentes obtenues de Sa Majesté au mois de mai dernier par maître Charles Delaporte, conseiller en la Cour, portant permission d'établir une verrerie en sa terre de la Ferté...

Et le dit Delaporte conseiller défendeur......

(1) A l'exemple de son frère Girard de Saint-Amant, la veuve de Pierre d'Azémar avait aussi altéré son nom.

Manoury avocat pour les dits d'Azémar a dit que le dit sieur Delaporte doit être débouté de ses dites lettres d'érection de verrerie en tant que pour le cristal, émail, miroirs de verre, aux quels droits les dits d'Azémar seront maintenus suivant les lettres de provision obtenues de Sa Majesté verifiées en la Cour..... ainsi que les arrêts du conseil privé du roi et de la Cour qui auraient maintenu les dits d'Azémar au dit privilège au préjudice de plusieurs particuliers qui avaient voulu faire de pareils établissements et demandent dépens ;

Et Gréard, avocat pour le dit sieur Delaporte, lequel a dit que n'étant permis aux dits d'Azémar que de continuer l'exercice de la verrerie de Rouen et non d'en établir d'autre, ils n'ont pas lieu de s'opposer à l'enregistrement de celles qu'il a plu au roi accorder en faveur du dit Delaporte qui est à 18 lieues de là, sous prétexte de prétendue défense qu'ils ont fait glisser dans leurs lettres d'en établir d'autre dans le ressort du parlement, lesquels en tout cas ne se doivent entendre que pour un temps et jusqu'à ce que le roi y ait pourvu et de fait ne l'ont jamais prétendu toutes fois et quantes qu'il s'en est presenté ; les arrêts qu'ils ont produits n'ayant été rendus qu'avec personnes qui n'avaient aucun droit, ni lettres du roi et ainsi ne peuvent faire de conséquence au fait dont il s'agit.

Pourquoi soutient que sans s'arrêter à la dite opposition, il doit être procédé à la délibération des informations faites aux fins du dit enregistrement.

La Cour, sans s'arrêter à l'opposition des dits d'Azémar, a ordonné que l'information sera présentement délibérée.

(Audience civile, 24 juillet 1664.)

—

Autre arrêt du même jour.

Veu par la Cour les lettres patentes concédées par le Roi à maître Charles Delaporte conseiller en icelle du mois de mai dernier, par lesquelles Sa Majesté lui aurait permis de faire construire une verrerie en sa terre *de la Ferté* et d'y faire fabriquer et mettre en œuvre toutes sortes de verres de verreries, même verre de cristal, vitres, émaux et glaces à miroirs.

. . . .

Arrêt rendu ce jourd'hui par la Cour entre les dits d'Azémar et le dit Delaporte, par lequel aurait été ordonné, sans s'arrêter à l'opposition d'iceux d'Azémar, que l'information serait vue.

La Cour ordonne que les dites lettres seront registrées ès registres d'icelle pour jouir par le dit Delaporte de l'effet des dites lettres et être exécuté selon sa forme et teneur.

(Rapports civils, 24 juillet 1664.)

www.ingramcontent.com/pod-product-compliance
Ingram Content Group UK Ltd.
Pitfield, Milton Keynes, MK11 3LW, UK
UKHW020455180726
13839UKWH00004B/1810